BEAUVALLET

EN COURS DE PUBLICATION

CHEZ LE MÊME LIBRAIRE

MÉMOIRES DE NINON DE LENCLOS

PAR EUGÈNE DE MIRECOURT

60 livraisons à 25 centimes, avec gravures.
18 fr. l'ouvrage complet par la poste.

OUVRAGE TERMINÉ

CONFESSIONS DE MARION DELORME

PAR EUGÈNE DE MIRECOURT

60 livraisons à 25 centimes, avec gravures.
18 fr. l'ouvrage complet par la poste.

Paris. — Imp. DUBUISSON et C⁽ᵉ⁾, rue Coq-Héron, 5.

BEAUVALLET

Publié par G. HAVARD

LES CONTEMPORAINS

BEAUVALLET

PAR

EUGÈNE DE MIRECOURT

PARIS
GUSTAVE HAVARD, ÉDITEUR
15, RUE GUÉNÉGAUD, 15

1857

L'auteur et l'éditeur se réservent le droit de traduction
et de reproduction à l'étranger

BEAUVALLET

L'illustre tragédien de la Comédie-Française est né, au commencement de ce siècle, à Pithiviers, ville du Loiret, fameuse par ses pâtés de mauviettes et ses gâteaux d'amandes.

Quelle est au juste, la date de sa naissance? il n'y a qu'un moyen de le savoir.

Demandez à Laferrière l'âge de Beauvallet, ou demandez à Beauvallet celui de

Laferrière. Interrogés tous les deux de cette façon, leur réponse se trouvera parfaitement conforme, et l'un ne vous cachera pas l'état civil de l'autre.

Ils sont nés le même jour.

Beauvallet reçut au baptême les noms de Pierre-François.

Son entrée en ce monde ne fut signalée par aucun prodige. Dès l'âge de quatre ans, il vint à Paris avec sa famille, et son père le mit en pension chez un ancien prêtre constitutionnel, qui avait décidément jeté le froc aux orties, à la rentrée des Bourbons, pour se faire maître d'école.

Il se nommait Couturier.

Sec, jaune, atrabilaire, et tourmenté par le remords de son apostasie, ce prêtre était un instituteur détestable.

Continuellement il rouait de coups ses élèves.

Pour mieux les atteindre sans se déranger de son poste, il avait une longue baguette d'osier, qui allait jusqu'au bout de la classe, et qui se livrait à de perpétuelles manœuvres.

Une gouvernante, adonnée aux liqueurs fortes, dirigeait la maison du maître d'école et soignait les pensionnaires.

Pendant la saison d'été, quand les bambins avaient peur de l'orage, la vieille leur apportait un pot d'eau bénite, qu'elle allait prendre dans son armoire.

Mais, à côté du pot d'eau bénite, il y avait un pot d'eau-de-vie.

Un jour, elle se trompe, et tend ce dernier vase au jeune Pierre-François, l'invitant à conjurer la foudre et à s'asperger d'eau sainte.

Notre héros suit le conseil.

Il se jette du trois-six dans les yeux, pousse des cris horribles, et trahit involontairement les instincts bachiques de la gouvernante.

Sous la direction du prêtre Couturier, Pierre-François Beauvallet reçut les premiers éléments de la langue française, et commença l'étude des langues mortes.

Sa mère vint à mourir sur les entrefaites.

M. Beauvallet père convola en secondes noces, et l'enfant eut le malheur de tomber sur une marâtre qui lui rendit l'existence fort pénible.

Elle déclara que dorénavant on ne dépenserait plus rien pour ce rejeton d'un autre lit.

Sachant que Pierre-François avait la vocation de la peinture, elle le contraignit à entrer, non pas dans l'atelier de Gros, de Lethiers ou d'autres artistes célèbres de l'époque, mais chez un peintre en bâtiments, rue des Saints-Pères, au coin de la rue de Grenelle.

Celui-ci, devinant les dispositions du

jeune homme, crut devoir les appliquer à un travail plus noble que celui du barbouillage des lambris ou des portes au carbonate de plomb.

— Tu as de l'intelligence, dit-il à Beauvallet ; je te charge de confectionner les serpents.

Tous les apothicaires d'alors prenaient un de ces reptiles pour emblème.

Donc, notre héros s'applique à peindre une multitude de serpents boas enroulés autour de palmiers gigantesques, ou de serpents à sonnettes nichés sous une touffe de plantes grasses.

Un pharmacien de la rue Saint-Jacques a conservé longtemps sur sa devanture un de ces chefs-d'œuvre.

A force de prier, de gémir et de lutter contre le méchant vouloir de la marâtre, Beauvallet obtient d'entrer dans un véritable atelier de peintre (1) et de s'exercer enfin sur des toiles.

On l'envoie chez Paul Delaroche.

Le grand artiste habitait cette fameuse maison, surnommée la *Childebert*, du nom de la rue où elle se trouvait placée.

Charlet, Bellanger, Delacroix et d'autres illustrations du pinceau logeaient aussi dans le voisinage. On jetait dans

---

(1) Auparavant il fit, chez un autre badigeonneur, appelé Drouard, établi au marché Saint-Germain, une station de six semaines, pendant lesquelles on lui donna pour unique aliment du bœuf à la mode froid, ce qui lui occasionna une gastrite, dont il prétend n'être pas encore guéri.

la cheminée de chaque atelier le détritus des palettes, ce qui arrivait à former, à la longue, des morceaux très durs et d'une forme étrange.

Vinrent les démolitions de la rue.

Tous ces amas de couleurs, dénaturés par le temps, furent soumis à l'Académie des sciences, qui les fit scier l'un après l'autre, et nomma une commission chargée de reconnaitre l'espèce et la qualité du *marbre*. (Historique.)

La rue Childebert était le rendez-vous des plus effrontés rapins de l'époque.

Beauvallet sympathisa sur toute la ligne avec ses nouveaux camarades, et comme la plupart d'entre eux négligeaient la peinture pour se livrer à la déclamation, leur exemple gagna le nouveau venu et changea presque aussitôt ses goûts.

Un dimanche soir, étant allé prendre quelques études dans l'ancienne abbaye de Montmartre, il y resta deux heures, à dessiner la nef et les vitraux ; puis ses camarades le rejoignirent pour l'emmener dîner à Bagnolet.

Toute la bande s'était donné rendez-vous dans la vieille église.

— Eh! mais il y a de l'écho ici, absolument comme sous les grands marronniers du *Mariage de Figaro !* cria tout à coup l'un d'eux, véritable rapin-poète, d'une extrême érudition théâtrale, et qui s'appliquait à rimailler beaucoup plus qu'à peindre.

Il se nommait Antoine Herbelot.

Nous apprenons qu'il est aujourd'hui membre de la Société Racinienne (1).

Le malheureux, très jeune encore, avait déjà commis une tragédie en cinq actes.

Il proposa d'en déclamer quelques passages, et les voûtes rendirent si admirablement le son, que tous ses camarades voulurent avoir leur tour.

Chacun fit résonner sa tirade.

Beauvallet n'était coupable, à cette époque, d'aucune rime tragique ; mais il sa-

---

(1) Société dont le siége est à La Ferté-Milon, et qui a pour but principal, dit Grassot, d'*embêter* l'ombre de Racine.

vait par cœur une centaine de vers de la pièce de M. de Laharpe qui a pour titre : *les Barmécides*.

Et comme il possédait déjà cette voix effrayante que vous lui connaissez, l'effet produit par l'écho fut immense.

— Vrai Dieu ! quel tonnerre ! s'écrient les rapins en applaudissant.

Le poète Herbelot presse avec effusion la main de Beauvallet:

— Mon ami, mon cher ami, lui dit-il, tu es né pour la scène ! Crois-moi, laisse là couleurs et pinceaux pour te livrer à l'art tragique.

Et voilà comment le sociétaire actuel de la Comédie-Française résolut de marcher sur les traces des Saint-Prix et des Talma.

Bientôt il quitte l'atelier de Paul Delaroche, pour entrer au Conservatoire, dont M. de Pern était directeur.

Celui-ci, émerveillé de la puissance de voix de cet élève, lui conseille de renoncer à la tragédie pour se livrer à la musique vocale.

— Jamais, disait-il, au grand jamais, l'Opéra n'aura eu de basse-taille de cette rondeur.

On s'efforce, mais en vain, de façonner Beauvallet au solfége; impossible de le faire chanter juste.

Il y met, d'ailleurs, beaucoup de mauvais vouloir: L'alexandrin tragique a toutes ses sympathies, et, de guerre lasse, on est obligé de le renvoyer à la salle de déclamation.

Bien évidemment ceci assura la fortune de Levasseur.

Jamais ce dernier n'eût joué Bertram dans *Robert le Diable*, si le timbre de Beauvallet se fût montré plus flexible.

Une fois rendu à ses études de prédilection, notre héros y apporte l'assiduité la plus parfaite.

Il passe pour le meilleur élève de la classe.

Mais sa belle-mère trouve que le Conservatoire est beaucoup trop long dans son enseignement. Elle ne comprend rien au théâtre, que, du reste, elle n'a jamais vu pratiquer que par les saltimques de carrefour.

Aussi bientôt signifie-t-elle au jeune homme qu'il ait à pourvoir à son habillement et à sa nourriture avec le prix de ses travaux scéniques, c'est-à-dire avec rien du tout.

Les élèves du Conservatoire, à cette époque, n'avaient pas comme aujourd'hui de pension du gouvernement.

Pierre fut obligé de reprendre la peinture à ses heures perdues, afin d'y chercher quelque moyen de subsistance.

— Et comment faisais-tu pour vivre,

grand Dieu! lui dit un jour Louis Monrose.

Beauvallet ne s'offensa point de l'épigramme.

— Ah! ma foi, répondit-il, je vivais de croûtes... sans calembour. On m'achetait mes tableaux tels quels, et, comme tu peux t'en assurer, je ne suis pas mort de faim. Quant à ma parure... dame, c'était drôle! Je me suis vu avec un pantalon de nankin au mois de décembre, vêtement léger, et pas chaud! Que veux-tu? A dix-sept ans, on a beaucoup de philosophie. Je m'inquiétais peu des variations de la température.

Tout en menant cette vie de bohême,

il continuait ses études au Conservatoire.

Séveste père venait d'obtenir le privilége des théâtres de la banlieue. Beauvallet lui parut un sujet de premier choix. Il l'engagea sans la moindre hésitation.

Voilà notre héros jouant des tragédies à n'en plus finir, et faisant les délices des bourgeois de Belleville, de Montparnasse et des Ternes. Son admirable organe les plonge dans un enthousiasme voisin du délire, et le père Séveste, pour s'attacher définitivement un artiste aussi précieux, lui alloue soixante-quinze francs par mois.

De date immémoriale, acteur de ces

parages n'avait perçu des honoraires aussi élevés.

Bien plus, le dix du courant, la poche de Beauvallet se trouvant presque toujours vide, son directeur, sous forme d'à-comptes, et vingt francs par vingt francs, lui donne une somme à peu près égale, qu'on ne lui retient jamais le dernier jour du mois.

Cela porte les appointements du jeune acteur à dix-huit cents francs au moins, et ses camarades l'appellent milord.

Il leur paye de véritables dîners de prince.

Quarante ans se sont écoulés depuis cette époque.

Notre héros n'a point raconté la folle

et curieuse chronique de ses débuts ; mais Léon Beauvallet, son fils, prend la plume à sa place.

« Avant de faire partie de la troupe de la banlieue, écrit-il, mon père avait débuté à Melun dans l'*Othello* de Ducis. Un nommé Saint-Clair, qui débutait aussi, était chargé de représenter Pézarre.

» Les deux jeunes gens, professant le plus grand mépris pour cette fameuse émotion *inséparable d'un premier début*, font l'étrange pari de se passer mutuellement la jambe, en scène.

» Ce qui fut parié fut fait.

» Le comique de l'histoire, c'est que tous deux choisirent le même moment pour se livrer à cette plaisanterie peu en situation; si bien qu'à une sortie assez chaude, un double croc en jambe leur fit piquer à tous deux une formidable tête dans la toile de fond, qui leur passa par-dessus le corps et les déroba tout d'un coup aux regards stupéfaits des spectateurs.

» Et chacun de se dire dans la salle :

» — Hein ? — comme on sortait d'une drôle de manière, à Venise !

» — C'était par ordre du conseil des Dix, répondit à voix basse un savant de l'endroit (1). »

Nous apprenons ensuite comment l'huile des quinquets du théâtre de Montmartre

(1) *Figaro* du 17 juillet 1856.

fut remplacée par le contenu limpide de plusieurs carafes, le jour même d'une représentation à grande recette.

Beauvallet père avait l'excuse d'un dîner en ville pour commettre cette énormité ; mais le tour des hannetons est vraiment impardonnable.

Nous laissons de nouveau la parole à Beauvallet fils.

« Un autre jour, dit-il, on devait jouer au Ranelagh, à Passy. On était au mois d'avril, à cette heureuse époque des lilas et des hannetons.

» Mon père et quelques autres s'étaient dirigés pédestrement vers le théâtre. Une fois dans le bois de Boulogne, il leur passa par la tête l'idée biscornue de remplir leurs chapeaux de hannetons.

» Que feront-ils de ces malheureuses bêtes ?

» — Il faut leur montrer la tragédie des *Templiers !* s'écria mon père.

» C'était, en effet, l'œuvre de M. Raynouard que ces messieurs allaient jouer au Ranelagh.

» On commence la pièce.

» Tout à coup, l'acteur qui jouait Philippe le Bel, sent quelque chose qui grouille sous sa perruque. Il l'arrache, et en retire un énorme hanneton que mon père avait eu soin d'y insinuer.

» Au même instant, on s'aperçoit que tous les manteaux des Templiers noircissent à vue d'œil. Ce sont les hannetons cachés dans les costumes qui font leur entrée.

» Bientôt ces coléoptères imbéciles, attirés par la lumière de la rampe et du lustre, quittent les Templiers et voltigent de toutes parts.

» C'est un bourdonnement épouvantable, un bruit à nul autre pareil.

» Le spectacle est interrompu.

» Tous les spectateurs se penchent en dehors des loges, s'accrochent aux colonnes et ne s'occupent plus que de faire la chasse aux nouveaux venus. Un chœur formidable de titis résonne dans la salle :

» — Hanneton ! vole ! vole ! vole !

» Ou bien encore :

» — V'là d'z'hannetons! d'z'hannetons pour un liard!

» Et, pour clore dignement cette soirée inconcevable, la rampe et le lustre s'éteignent en même temps, grâce aux innombrables hannetons qui ont été assez stupides pour aller se fourrer dans tous les verres des quinquets (1). »

Le fils d'Othello, de Polyeucte et d'Agamemnon raconte bien d'autres anecdotes, que vous pouvez lire.

Seulement, il oublie mademoiselle Levasseur et sa coupe.

Mademoiselle Levasseur était une hé-

(1) *Figaro* du 14 août 1856.

roine tragique. Au moment de s'empoisonner, un soir, et juste au milieu de sa plus belle tirade, elle s'écrie tout à coup :

— Nom d'un chien ! qu'est-ce qu'ils ont mis dans ma coupe !

On juge de l'effet de cette exclamation en vile prose, jetée au milieu des rimes solennelles du dénouement.

Beauvallet avait jugé convenable d'enduire les bords de la coupe de la pauvre tragédienne avec cette abominable gomme-résine, appelée *assa-fœtida*.

Cependant, au milieu de toutes ces folles équipées, notre héros continuait sérieusement ses études.

Il obtint le premier prix au Conservatoire.

Provost, aujourd'hui son camarade à la Comédie-Française, était son professeur. Quand vint la distribution des prix, il voulut lui-même donner la réplique à ce brillant élève, invité, selon l'usage, à déclamer devant un public nombreux le sujet du concours.

C'était un acte d'*Hamlet*.

La scène entre Hamlet et Norceste fut couverte d'applaudissements.

Séance tenante, le lauréat fut complimenté par M. de La Rochefoucauld, intendant des Menus-Plaisirs; et, deux jours après, on signait au jeune acteur un engagement pour l'Odéon.

Beauvallet débuta dans *Tancrède* et dans Montfort des *Vêpres siciliennes*.

Au second Théâtre-Français, on lui confia naturellement toutes sortes de rôles tragiques. Sa première création dans le nouveau répertoire fut le *Perkins Warbeck* de feu Fontan.

Par son aplomb sans égal sur les planches et par sa mémoire prodigieuse Beauvallet devint à l'Odéon l'homme aux grandes ressources.

On reprenait, à cette époque, la *Frédégonde* de Lemercier.

Un soir, M. Alphonse Geniès, jeune premier rôle, chargé de jouer Mérovée, ne se trouve point au théâtre à l'heure de commencer la pièce. On frappe à la porte de sa loge; on le cherche dans les coulisses : personne !

Il y avait, contre la coutume, beaucoup de monde dans la salle. Le parterre était tout noir ; pas une place vide.

Et déjà, comme on s'en doute bien, le parterre de l'Odéon ne brillait ni par le calme, ni par la patience.

L'heure du lever de la toile était passée depuis vingt minutes. On vociférait, on hurlait, on brisait les banquettes, en appelant le directeur et en réclamant la pièce; mais le directeur n'osait pas se montrer, ni le régisseur, ni aucun employé du théâtre.

Enfin, le commissaire est obligé d'intervenir. Ce magistrat revêt son écharpe; il veut parler, on le hue.

C'était la règle.

Il propose de rendre l'argent : nouvelles huées.

— Pourtant, messieurs, il faut en finir, dit-il. Voulez-vous une autre pièce?

A cette proposition, les clameurs redoublent et le tumulte devient affreux.

— Ma foi, dit le commissaire au directeur, essayez de vous tirer de là ! Pour moi, j'y renonce.

Le directeur tremblant s'avance.

— Veuillez avoir égard à notre embarras, messieurs, balbutie-t-il, et nous permettre de faire lire le rôle de Mérovée.

— Oui ! oui ! bravo ! crie-t-on de toutes parts.

La salle reprend patience.

Mais autre obstacle. Pas un artiste ne veut lire le maudit rôle. C'était une rude tâche en présence d'un tel public.

— Je m'en chargerais volontiers, dit Beauvallet. Malheureusement, je joue dans la pièce... Ah ! bah ! qu'importe?... Essayons !

Il n'avait avec Mérovée qu'une scène fort courte. Un de ses camarades le remplacera pour cette scène.

On annonce au parterre l'arrangement définitif ; le parterre le sanctionne, et la pièce commence. Beauvallet joue tout à la fois Ansoalde, l'âme damnée de Frédégonde, et le roi chevelu. Il met une couronne quand il est roi et la dépose quand il redevient simple particulier.

Pendant ses repos dans la coulisse, il apprend par cœur les deux derniers actes et les joue sans brochure.

L'enthousiasme des spectateurs est au comble.

Au cinquième acte, notre héros arrive, en Ansoalde, dire qu'il a versé de ses propres mains au monarque un poison qui défie tous les antidotes; puis il sort, reprend son diadème, et vient mourir des suites de ce même poison.

La salle croulait sous les bravos.

Enchanté de ce tour de force, le directeur embrasse le jeune artiste et lui dit :

— Tu n'avais que quinze cents francs d'appointements : je les porte à deux mille sept! (Textuel.)

Beauvallet n'a jamais su quel était le motif de la fraction.

Ce ne fut pas tout.

Le brave directeur, en lui disant bonsoir, lui glissa dans la main, comme gratification pure, et en dehors de tout émargement, un billet de banque de cinq cents livres.

Peste! les directeurs se suivent et ne se ressemblent pas.

N'est-il pas vrai, grand Altaroche? Ne partagez-vous pas notre avis, ô généreux Bocage ?

En ce temps-là, c'est-à-dire en 1828, Frédérick Lemaître venait d'abandonner l'Ambigu pour la Porte-Saint-Martin. Remplacer un acteur de ce mérite était chose difficile.

On jette les yeux sur Beauvallet. Le directeur de l'Ambigu lui propose de l'engager à des conditions superbes.

Il accepte.

Nous le voyons débuter au boulevard par le rôle de Cardillac, une création récente de Frédérick.

L'écueil était à craindre. Comment égaler ce grand modèle ?

Aussi, le jour de son début, notre héros a la fièvre. Des camarades charitables lui disent, pour l'encourager :

— Sois tranquille, on va te siffler à mort! Après Frédérick, mon cher, que veux-tu? C'est impossible autrement.

Beauvallet triomphe de ses craintes, fait appel à tout son aplomb, et affronte vaillamment la rampe.

On sait que le rôle débute par une scène mimée que l'orchestre accompagne, et les titis attendaient avec impatience que l'acteur s'exprimât autrement que par gestes. Enfin, Beauvallet ouvre la bouche et prononce la première phrase de son rôle, qui est celle-ci :

« Encore une fois sauvé ! »

Un murmure de surprise court dans la salle; puis une voix rauque d'homme du peuple s'exclame en haut du poulailler :

— Cré nom ! *pus qu'ça* de gueule !

Tout fut dit.

Le succès ne pouvait être douteux, et le timbre puissant de l'acteur venait de gagner sa cause.

Nous ne donnerons pas la liste sans fin des mélodrames nouveaux et des anciennes pièces que l'Ambigu confia tour à tour au talent de Beauvallet.

L'affection des titis lui était acquise.

Seul, il avait le pouvoir de conjurer à ce théâtre les orages populaires, qui éclataient sur les autres acteurs de la troupe en une grêle de pommes cuites ou d'écorces d'orange.

Dans un drame de cette époque, intitulé *le Forçat libéré*, l'auteur jugea convenable de mettre en regard l'un de l'autre, un forçat véritablement criminel et un forçat honnête, comme jadis on voyait sur le Calvaire le bon larron et le mauvais larron.

Beauvallet jouait le rôle du mauvais forçat, un gueux en rupture de ban, qui prenait toutes sortes de métamorphoses pour s'introduire dans le domicile des citoyens et exercer son industrie.

Au cinquième acte, il arrivait en marchand de bestiaux, suivi d'un énorme bouledogue, que lui prêtait le maître machiniste de l'Ambigu.

Ce chien possédait une tête monstrueuse, une gueule à croquer un bœuf.

Il avait un large collier en cuir, garni de crin tout autour et semé de pointes de fer, un beau collier !

Lorsque Beauvallet débusquait de la coulisse avec ce magnifique animal, c'étaient des cris, des exclamations, des applaudissements à faire tomber les frises. La salle entière se livrait à un enthousiasme excessivement flatteur... pour le chien.

Mais voilà qu'un jour, un dimanche, ce brave molosse (style classique), appelé à la barrière du Combat pour y étrangler un taureau, ne peut se rendre à son devoir à l'Ambigu.

— Comment ! s'écrie Beauvallet, je n'ai pas de chien ?... Par exemple !... Impossible d'entrer sans chien.

Louis, le concierge du théâtre, avait un assez joli caniche, tondu en lion.

— César est à vos ordres, dit-il à Beauvallet. Seulement, ayez soin de le tenir en laisse.

— Va pour César! Amenez César!

Quelques minutes après, notre héros entrait en scène avec le caniche.

Or, jamais acteur de cinquième ordre, appelé à remplacer un chef d'emploi, ne fut reçu comme ce pauvre animal. Des cris forcenés se firent entendre.

— Le bouledogue! le bouledogue!

— A bas le caniche!

— Des boulettes au caniche!

Et les sifflets de retentir, comme bien on le pense.

Le malheureux César, épouvanté de ce bruit dont il n'a pas l'habitude, se fourre entre les jambes de l'acteur et tremble de toutes ses pattes.

Voyant que le tumulte ne s'apaise pas, Beauvallet veut en finir.

Il s'approche de la rampe, avec les trois saluts d'usage, et profitant d'une minute de calme, il dit au parterre :

— Messieurs, notre camarade le bouledogue s'étant trouvé subitement indisposé, monsieur (il montre le caniche) a bien voulu prendre sa place, et il réclame toute votre indulgence.

A cette annonce grotesque, la colère du public se change en un rire olympien.

Le drame, — un drame fort lugubre,

— s'achève au milieu de la gaieté la plus vive.

Beauvallet approchait de la trentaine ; mais il était aussi amateur de charges et aussi rapin qu'aux jours de sa folle jeunesse.

Un soir, il invite à souper toutes les actrices du théâtre.

On apporte un pâté magnifique. Une de ces dames enlève le dessus, et jette un cri d'effroi.

Douze petits chats, emprisonnés dans la croûte, s'élancent des profondeurs du pâté et courent sur la table.

— Impossible de manger ces gaillards-là, dit Beauvallet : une autre fois, je les ferai cuire !

L'anecdote de la chandelle des six, coupée en deux, puis en quatre, puis en huit, par l'épicier naïf, qui ne s'apercevait pas de la mystification, a été mise à tort sur le compte de Romieu.

Beauvallet seul est auteur de cette plaisanterie.

L'excellent épicier qui en fut victime existe encore.

Frédérick Lemaître avait un cheval. Notre héros en acheta un, sur lequel il arrivait triomphalement, chaque jour, à la porte de l'Ambigu.

Frédérick ayant fait l'acquisition d'un tilbury, Beauvallet jugea convenable d'en avoir un à son tour.

Deux mois après, il le revendit à perte.

— C'est dommage, lui dit un de ses camarades. Pourquoi diable t'en es-tu défait?

— Pour payer le cheval, pardieu!

Cinq ou six jours après le cheval alla retrouver le tilbury.

— Quoi! tu as aussi vendu ton beau cheval noir?

— Tiens, merci!... tu es bon, toi! il fallait payer l'avoine qu'il a mangée!

L'Ambigu ayant fait faillite, malgré le succès des bouledogues qu'il attachait à sa troupe, notre acteur entra au Théâtre-Français, le premier août 1830, à l'issue de la révolution qui chassa la branche aînée.

Cette révolution faillit avoir un résultat que les historiens ignorent.

Beauvallet, adoré du public de l'Ambigu, jouissait par cela même d'une immense réputation dans les quartiers populaires.

Durant les trois jours, il mit au service de l'émeute sa voix foudroyante, lisant, monté sur une borne, des proclamations anarchiques ou des articles du *National*.

Il contribua de tout son pouvoir à la perte des rois légitimes.

Perché, le troisième jour, au sommet d'une barricade, en pleine rue Saint-Denis, il enthousiasma tellement le peuple par ses discours, qu'on s'écria de toutes parts :

— A bas les Bourbons! Vive Beauvallet!

Ceci est parfaitement authentique. Un de ses camarades, M. Davesnes, aujourd'hui régisseur de la Comédie-Française, se trouvait là présent. Il peut certifier l'exactitude de notre récit.

Beauvallet, à coup sûr, eût fait son ami Davesnes ministre, s'il avait accepté le sceptre; mais des répétitions urgentes et les devoirs de la scène l'en empêchèrent.

Louis-Philippe d'Orléans le prit à sa place.

O destinée!

Comédien pour comédien, l'un valait l'autre. Seulement, Beauvallet, sur le trône, aurait eu moins de ladrerie et plus de franchise.

Au Théâtre-Français, sa première création fut dans un drame en vers de Lebrun, qui avait pour titre : *le Nègre*.

Puis il joua successivement, *Caïus Gracchus* de Dartois, — le rôle de Marat dans une *Charlotte Corday* de feu Destourbets, — un *Don Carlos* de Talabot, — le Spadassin du *Roi s'amuse*, — *Angelo*, — et *Pierre III*, de feu Escousse.

On lui fit reprendre, après Joanny, le *Brutus* d'Andrieux (1), pièce qui vaut

(1) Il reprit aussi le Yakoub de *Charles VII*.

grandement la *Lucrèce* tant vantée de M. Ponsard.

Il joua un *Philippe III* de M. Andraud, ingénieur très distingué, ce qui ne veut pas dire que la pièce était mauvaise, — le père dans *la Popularité* de Casimir Delavigne, — *Latréaumont* d'Eugène Sue et Goubaux, — Didier de *Marion Delorme*, — le chevalier Destouches de *Madame de Tencin*, — *Lorenzino* d'Alexandre Dumas, — le rôle d'Aquila dans le fameux *Caligula* du même.

. . . . — Ah ! tu me *caligules !*
Caliguler, quel verbe ! — On vient de l'inventer ;
Il est très expressif, et veut dire *embéter* (1).

Nous ne donnons pas entièrement, par

(1) Parodie de *Caligula*, au Palais-Royal.

ordre de date, les rôles de notre acteur.

Il créa Yvan dans la *Catherine* de Romand, — Holopherne dans la *Judith* de madame de Girardin,—l'Esclave dans la *Cléopâtre* de la même, — le Brutus du *Testament de César* de Dumas et Jules Lacroix,—Narcisse de *Valeria*, — le *Fils de Cromwell* de Scribe,—le roi dans *Daniel* de Charles Lafont,—le templier dans *le Vieux de la Montagne* de Latour de Saint-Ybars,—Didier dans la *Rosemonde* du même,—Pierre le Grand dans *la Czarine*, — et, ne l'oublions pas, le célèbre *Arbogaste* de Viennet (1).

(1) Les autres rôles importants de Beauvallet sont : le Bohémien dans *Lavater*, — Jacques Clément dans une pièce de d'Epagny, — Lorenzino dans *Laurent de Médicis*, —Diégarias dans la pièce de Victor Séjour,—

Au moment où le public en gaieté demandait l'auteur, on assure que Beauvallet arriva près de la rampe et dit :

« — Messieurs, j'ai l'honneur de vous annoncer que M. Viennet, auteur de la pièce, désire garder l'anonyme. »

Le succès du tragédien à la Comédie-Française était donc aussi grand que possible. Il eut la fantaisie de joindre la gloire d'auteur à celle qu'il possédait comme acteur.

Au théâtre de l'Ambigu, avec Davesnes,

la *Chute de Séjan* du même; — Job dans *les Burgraves*, — le duc de Monmouth dans *Jacques II*, — le docteur dans *le Cœur et la Dot* de Félicien Mallefille, — et l'amiral des *Bâtons flottants*.

il avait déjà fait représenter un grand drame sous ce titre : *Caïn*.

Pour achever de satisfaire son désir de célébrité, Beauvallet chausse doublement le cothurne et compose une belle et bonne tragédie en cinq actes, intitulée : *la Prédiction*, où il jouait le rôle d'Alphonse.

Quand nous disons belle et bonne, c'est de confiance.

Nous ne l'avons pas lue, et, malgré nos recherches, il nous a été impossible de nous procurer le chef-d'œuvre.

Mais voici quelques lignes d'un compte rendu de l'époque :

« Beauvallet, dit *le Corsaire* du 18 décembre 1831, a fait une pièce pour s'y tailler un rôle. Il a donc choisi un sujet où la fiction eût beau jeu, un sujet bien noir, bien hérissé de scélératesses et de crimes, et dans lequel il pût donner l'essor à ses robustes poumons. Il y a de beaux vers dans cette tragédie, de belles tirades. Le nom de l'artiste a été proclamé au bruit des applaudissements. »

Enfin, cela valait mieux qu'*Arbogaste*.

Mais notre héros fut troublé dans son triomphe par les cris des auteurs qui l'accusaient de monopole.

— Eh! si les comédiens font des pièces, disaient-ils, qu'allons-nous devenir?

Beauvallet serra ses manuscrits en portefeuille, — car il avait plusieurs autres tragédies prêtes, — et laissa passer l'orage.

Sa rancune envers ceux qui l'excluaient, fort injustement, du reste (Molière n'était-il pas à la fois auteur et comédien?), s'exerça au comité de lecture, où il siégeait comme sociétaire-juge.

Il y amenait avec lui un superbe chien de chasse.

Quand la pièce l'endormait un peu, et qu'il lui était impossible d'asseoir un jugement, il prenait deux boules, une noire et une blanche, les jetait dans la salle de lecture, et criait à son chien :

— Apporte !

L'animal courait après les boules.

Il en attrapait une. Son maître la lui prenait dans la gueule et la fourrait dans l'urne.

Malgré les torts de messieurs les auteurs à son égard, Beauvallet mérite ici de graves reproches, et nous n'hésitons pas à les lui adresser.

Peut-être nous répondra-t-il que beaucoup de ses collègues, pour y mettre plus de formes, y mettaient quelquefois moins de conscience.

Nous n'essaierons pas de le démentir.

Tout cela prouve, du reste, qu'on ne doit jamais confier le sort d'un auteur dramatique au caprice des comédiens.

Beauvallet resta de longues années sans présenter une de ses œuvres. Enfin, en 1845, il donna une seconde tragédie en cinq actes, intitulée *Robert Bruce* (1).

Les plaintes et les clameurs recommencèrent.

Il fallut de nouveau quitter la lice et laisser dormir sa troisième tragédie, *le Dernier Abencerrage*, dans la poudre d'un carton.

Elle ne fut représentée qu'en 1851.

Le rôle de Julia de Santa-Fé échut à mademoiselle Rimblot, pauvre fille, morte à vingt-six ans! morte si jeune et si belle!

(1) Le malheureux Guyon créa dans cette pièce son dernier rôle.

morte sous le coup des injustices dont on la rendait victime !

Rachel était là ; Rachel était maîtresse souveraine ; le talent de mademoiselle Rimblot dut rester constamment sous le boisseau.

Dans les trois pièces dont nous avons donné le titre, Beauvallet, comme tous les acteurs qui écrivent pour le théâtre, fait preuve d'une véritable science de charpente et d'une parfaite habileté de mise en scène.

Quant à sa poésie, on ne doit pas absolument la donner comme modèle, témoin les strophes suivantes, que nous trouvons dans *le Dernier Abencerrage* :

Mère du Christ et des chastes amours,
  Ecoutez ma prière ardente.
A votre autel, je pleure tous les jours
  Pour une âme de vous absente.
  O vierge d'amour, vous savez
  Que c'est une âme grande et belle !
  O vierge, rendez-la fidèle,
  Et tous les deux vous nous sauvez.

Vierge d'amour, qui consolez le monde,
  Sainte mère des orphelins;
Puisqu'il est seul sur cette terre immonde,
  Donnez-lui des frères divins !
  Faites que son âme renie
  Son prophète et sa fausse loi,
  Et qu'il croie en vous avec moi
  Pour gagner l'éternelle vie !

Mère du Christ, hélas ! j'ai bien souffert
  Mais je bénis cette souffrance;
Car, dans mon cœur au désespoir ouvert,
  Vous avez versé l'espérance.
  Faites que du pied de l'autel
  Un nouveau chrétien se relève,
  Et que notre union s'achève
  Sous votre regard maternel

Il y a pire, nous n'en disconvenons pas; mais il y a meilleur.

Notre héros fait le vers trop facilement : chez lui la rime coule de source, et il la laisse couler sans gêne. Quand l'inspiration le guide, il s'élève parfois à une grande hauteur ; mais il continue de rimer lorsque la muse est absente, et tout naturellement alors il tombe dans le médiocre.

Sa facilité d'improvisation poétique est extrême.

Au mois de juin 1851, il en donna la preuve à ses camarades de la Comédie-Française.

On allait célébrer l'anniversaire de la naissance de l'auteur du *Cid*.

Théophile Gautier, chargé par le commissaire royal de composer des strophes pour la fête, en apporta de si déplorables, qu'elles furent condamnés d'une voix unanime à ne point être lues.

Pourtant l'affiche annonçait des vers de circonstance : comment cette promesse va-t-elle être remplie ?

Séance tenante, on charge Beauvallet d'en composer d'autres.

Il prend la plume, et, le soir même, il déclame au public une pièce vraiment remarquable, en raison de la rapidité avec laquelle elle fut écrite.

En voici quelques passages :

Cent soixante-sept ans ont passé sur ta cendre
  Et consacré ton immortalité.
Ces noms qu'un rien élève et qu'un rien fait descendre,
  Contre ta gloire ont vainement lutté.

Où sont-ils maintenant ces rimeurs pédantesques,
Poètes de hasard que l'envie ameutait?

Leurs noms sont disparus ainsi que leurs ouvrages.
Ils n'ont, pour surnager sur l'océan des âges,
Que le travail honteux qu'ils avaient entrepris.

Ils voulaient, tous ces nains, sur tes pages sublimes,
Inscrire leur néant devant ta majesté,
Et, torturant ta muse aux élans magnanimes,
Te punir de ta gloire et de leur nullité.

Cet homme au bras puissant à la rouge simarre,
Dont chacun redoutait l'esprit sombre et fatal,
Dirigeait en secret la croisade barbare
    Du fond du Palais-Cardinal :
Il voulait que la muse ornât son front sinistre ;
    Et non content d'être ministre,
De gouverner la France et d'être presque roi,
    Il caressait l'espérance insensée
    D'asservir la muse offensée,
    D'imposer ses vers par l'effroi.

Comme les précurseurs, comme tous les prophètes
Qui viennent sur la terre afin de l'épurer,
Dieu te mit parmi nous, poète des poètes,
Pour purifier l'art et pour nous éclairer.

Et ce qui me fait croire à ta divine essence,
C'est que, malgré ton nom, tant de fois répété,
 Malgré ta gloire et ton génie immense,
 Lorsque les sots vivaient dans l'opulence,
  Tu mourus dans la pauvreté!

Comme le Christ, tu gravis ton calvaire,
Portant ta lourde croix de gloire et de misère,
  Et comme lui transfiguré,
  Quand ton âme quitta la terre,
  Brisant le marbre tumulaire,
Ton grand nom s'élança, de splendeur entouré!

Eugène de Pradel trouva, ce jour-là, dans notre acteur-poète, son maître en improvisation (1).

(1) Tout récemment, le 15 janvier, Beauvallet a fait un tour de force analogue, à l'anniversaire de la naissance de Molière. Le passage où il parle des chagrins du grand comique, chagrins dont cette indigne Béjart était la cause, a été vivement applaudi.

. . . .
Ton front ceint de lauriers s'inclinait vers la terre;
Tu riais au théâtre et pleurais dans ton cœur!

Beauvallet, depuis longtemps, est professeur au Conservatoire. Ses classes ont lieu le lundi et le jeudi. Nous citerons au nombre de ses principaux élèves mademoiselle Rimblot, Fechter, Arnault et mademoiselle Fix.

A la Comédie-Française, on a une peur terrible des espiégleries de notre héros, et surtout de ses coups de langue.

Un soir, Augustine Brohan descend toute costumée de sa loge. Elle jouait madame de Prie dans *Mademoiselle de Belle-Isle*. On la prévient que sa robe est retroussée. Elle se baisse et cherche à l'abattre.

— Inutile, tu n'y parviendras pas, dit

Beauvallet : l'habitude est une seconde nature !

Feu Régnier-Destourbets, comme nous l'avons dit plus haut, composa une *Charlotte Corday*, qui a précédé de dix-huit ans celle de M. Ponsard.

On jouait la pièce en 1832.

Mademoiselle Dupont, très collet-monté, voyant Marat dans son costume historique, c'est-à-dire fort sale et les cheveux en désordre, dit à Beauvallet :

— Quelle infamie ! oser se montrer sur la scène française affublé de pareilles guenilles !

— Ah ! que voulez-vous, mademoiselle, c'est fâcheux ! riposte l'acteur ; mais, si vous ignorez que Marat n'a jamais porté ni escarpins ni bas de soie à jour, je suis bien obligé de vous l'apprendre.

Dans la même pièce, mademoiselle Brocard jouait Charlotte.

Elle était censée parler à Marat dans son bain, et s'adressait à la cantonnade, à hauteur d'homme.

Un soir, Beauvallet se couche à plat ventre pour lui répondre.

L'actrice ne l'aperçoit pas. Elle se trouble, cherche, baisse la tête et lui parle comme à quelqu'un qui serait à la cave.

Pendant l'entr'acte, elle lui fait des reproches et le conjure de ne plus se coucher de la sorte.

— Je vous le promets, dit le farouche révolutionnaire.

A la représentation suivante, il grimpe en haut d'un portant, et reste là, perché comme un machiniste, tout à fait sur le dernier échelon.

Mademoiselle Brocard le cherche. Beauvallet lui envoie la réplique du haut de son siége aérien.

L'actrice n'y tient plus; elle part d'un éclat de rire, et le parterre la siffle.

Alors elle devient furieuse et court chez le directeur, Jouslin de la Salle.

— Monsieur, lui crie-t-elle, c'est ignoble ! et je vous prie de mettre Marat à l'amende.

— Je m'en garderai bien, répond celui-ci : le brigand me ferait couper le cou !

Beauvallet se livre à toutes ces espiègleries avec un sérieux imperturbable et un air presque lugubre.

Rachel a fait nombre de tentatives pour se le rendre favorable, car elle est avec lui constamment en scène, et son regard l'intimide. Mais elle est rarement heureuse dans les dialogues qu'elle entame pour se mettre bien dans son esprit.

Un soir, le voyant arriver, sous le costume de Pyrrhus, et chaussé de brodequins en drap d'or, elle s'écria :

— Mon Dieu, que vous avez de *belles* cothurnes !

— Hein ? fit Beauvallet, se retournant tout ébloui de ce splendide pataquès.

— Je dis, répéta candidement Hermione, que vous avez de *belles* cothurnes.

— Ah ! bon ! je croyais avoir mal entendu. Vous y tenez ?... Eh bien, moi aussi, je les trouve *belles !*

Il n'aime pas les Félix et raconte sur tous les membres de la famille des histoires peu flatteuses, mais parfaitement authentiques.

En voici deux entre mille.

Un jour, — c'était un premier de l'an, — Duchâtel envoie à Phèdre toute la collection des classiques, plus les œuvres de Walter Scott et celles de lord Byron, le tout magnifiquement relié au chiffre de la tragédienne.

— Que diable veut-il que je fasse de ce monceau de livres? dit Rachel avec humeur.

— Tu les vendras, dit le père Félix.

— Avec mon chiffre... y songez-vous? C'est impossible.

— Bah! tu les vendras plus cher!

Un autre jour, Beauvallet, retenu au passage Jouffroy par une pluie torrentielle, rencontre ce délicieux père Félix, qui attendait comme lui la fin du déluge.

Lorsqu'on n'a rien de mieux à faire, on cause avec tout le monde, même avec un juif.

— Ah çà! dit Beauvallet, j'ai lu dans les journaux une nouvelle bizarre, pour ne rien dire de plus. Quelle est donc cette clause de l'acte passé entre votre fille et les entrepreneurs américains? Vraiment, elle aurait vendu son cadavre?

— Mais non! s'écrie le digne fils d'Abraham, les journaux sont des menteurs. Vous comprenez bien, mon cher monsieur Beauvallet, que Rachel aurait donné la préférence à sa famille.

— Tiens, mais c'est juste, je n'avais

pas songé à cela, père Félix! dit le tragédien en lui frappant sur l'épaule. Je vous promets de démentir la nouvelle et de publier partout ce que vous venez de me répondre.

Il a tenu parole.

Beauvallet, dans les instants de loisir que lui laisse le théâtre, continue de manier le pinceau.

Des connaisseurs affirment qu'il est très bon paysagiste. Il excelle principalement dans la caricature.

On le rencontre du matin au soir chez les marchands de bric-à-brac.

Aujourd'hui, c'est un vieux meuble

qu'il achète; demain, il fera l'acquisition d'un lot de ferraille, qu'il s'occupera patiemment à redresser et à polir.

Quelquefois, dans ces marchés, le hasard le favorise. Il retrouve de vieilles armes, et les remet à neuf avec une adresse à rendre les arquebusiers jaloux.

Son salon contient de fort belles panoplies, qu'il montre aux visiteurs, et qui se composent de toutes ces armes arrachées par lui à l'envahissement de la rouille.

Il ne se contente pas d'être archéologue et antiquaire, il est aussi entomologiste, et plusieurs jours ne suffiraient pas à l'examen complet de ses collections d'insectes.

Beauvallet, comme Nemrod, est un grand chasseur devant Dieu (1).

Malheur à la Comédie-Française, quand le moment est venu d'aller tirer la perdrix dans les plaines de la Beauce, ou le lapin sous les broussailles de Fontainebleau!

Il fait des armes et monte à cheval comme Baucher, n'en déplaise à son fils Léon, qui ose dire, lorsqu'on l'interroge là-dessus :

— Mon père, écuyer!... par exemple! Je sais qu'il allait parfois louer des ânes au bois de Boulogne, avec Guérard le sculpteur. Ces messieurs ornaient leurs

(1) Il se fit, un jour, sauter une moitié de la main avec sa poire à poudre.

bottés d'éperons, faisaient des trous dans le ventre des malheureuses bêtes, et bouchaient ensuite ces trous avec de la terre glaise.

— Fi ! la méchante langue !

Le célèbre tragédien s'est marié fort jeune. Il a six enfants : quatre garçons et deux filles.

Auteur et comédien comme son père, Léon Beauvallet, l'aîné des fils, a suivi dernièrement Rachel aux États-Unis d'Amérique. On lui doit une relation du voyage (1) extrêmement curieuse et peu

(1) Ce livre a pour titre : *Rachel et le Nouveau-Monde.* (Chez Cadot, éditeur.)

édifiante, surtout en ce qui concerne M. Raphaël Félix.

Un jour, Hermione dit à Léon :

— Mon frère, voyez-vous, c'est le Juif-Errant ; moi, je suis ses cinq sous !

Agé de vingt-huit ans à peine, Léon Beauvallet compte déjà plusieurs succès au théâtre, sinon comme acteur, du moins comme écrivain dramatique.

Il a fait jouer *le Roi de Rome* en collaboration avec Charles Desnoyers, son oncle ; *les Femmes de Gavarni* en collaboration avec Barrière, et *le Paradis perdu* en collaboration avec Henri de Kock, sans parler de beaucoup de vaudévilles représentés soit aux Variétés, soit au Palais-Royal (1).

Beauvallet ne voulait pas que son fils fût acteur. Il l'admonesta de toutes les façons pour le décider à prendre une autre route ; mais le jeune homme y mit de l'obstination.

— Puisqu'il en est ainsi, va au diable ! cria le père.

(1) Le collaborateur de Léon Beauvallet pour ces vaudevilles est M. Lambert Thiboust, avec lequel il se trouve intimement lié depuis le collége. M. Lambert Thiboust a pris le goût du théâtre parce que son ami Léon avait un père comédien. Ensemble ils ont suivi les cours du Conservatoire ; ils ont débuté ensemble à la salle Thierry, rue Guéménée, dans *Rita l'Espagnole*, et ils ont fait jouer dernièrement avec un grand succès une pièce qui a pour titre : *les Princesses de la Rampe*.

— A la bonne heure. Je t'obéis, et j'entre au théâtre, répondit Léon.

Ce mot désarma Beauvallet.

Notre héros se montre excellent camarade à la Comédie-Française, avec ceux qu'il aime.

Sa brusquerie n'a point d'égale, et son langage est d'une franchise et d'un pittoresque à rendre impossibles une foule d'anecdotes que toutes les finesses du style ne pourraient sauver.

Demandez à d'autres qu'à nous la réponse qu'il fit en plein foyer des artistes à M. Duchâtel, au sujet d'une absence momentanée d'Hermione.

Informez-vous auprès d'Alexandre Dumas père, et vous apprendrez ce que Polyeucte osa dire sur le pont des Arts à un académicien qui, après une longue dissertation, terminait gravement par la phrase suivante :

« Ces choses-là se *sentent* mieux qu'elles ne *s'expliquent.* »

— Oui, dit Beauvallet, c'est comme...

Achevez, monsieur Dumas !

Quand on reproche à notre héros d'employer certaines expressions d'une délicatesse plus que douteuse, il vous dit :

— Mon Dieu, je vous trouve superbe ! Est-ce que le mot n'est pas dans le dictionnaire ?

Outre sa puissance d'organe et son admirable talent de tragédien, Beauvallet possède au suprême degré l'entente de la scène et l'intelligence de ses rôles.

Il n'est pas en France ni en Europe un artiste mieux versé que lui dans la science des costumes.

A chaque nouvelle création, vous le verrez à la Bibliothèque impériale (section des gravures et des manuscrits à images) compulser les vieilles collections pendant des journées entières. Après ces recherches savantes, il est sûr d'avoir le costume historique, et il l'adopte quel qu'il soit, avantageux ou non, beau ou laid.

Mademoiselle Félix n'est possible que dans la tragédie.

Beauvallet montre, au contraire, une flexibilité de talent merveilleuse qui lui permet d'aborder le drame et la comédie sans rien perdre de sa valeur. Les rôles d'Israël, dans *Marino Faliero* ; de Latréaumont, dans la pièce d'Eugène Sue, et du chevalier Destouches, dans *Madame de Tencin*, viennent à l'appui de ce que nous avançons.

Le public n'a pas perdu le souvenir de la verve et de l'originalité que notre héros y déploya.

Tout récemment encore, le médecin du *Cœur et la dot* et l'amiral des *Bâtons flottants* ont fait voir que le talent de Beauvallet vibre sur toutes les cordes.

Jamais acteur n'a tenu la scène avec plus d'assurance.

Dans les occasions où d'autres perdent infailliblement la tête, il montre une présence d'esprit singulière. Un jour, dans *Phèdre*, il se trompe, et, au lieu de dire :

Mon arc, mes javelots, mon char, tout m'importune,

Il prononce *tout m'abandonne*, ce qui rimait assez mal avec cet autre vers du poète :

Je ne me souviens plus des leçons de Neptune.

Beauvallet ne se reprend même pas. Il ajoute intrépidement :

Je ne me souviens plus des leçons de Bellone.

Et, si l'ombre de Racine fut mécontente, elle eut, en vérité, grand tort.

On reproche à Beauvallet quelque inégalité dans son jeu. Cela tient aux impressions du moment.

Très humoriste de sa nature, il le devient beaucoup plus encore lorsque la salle fait à Rachel une part de bravos trop grande, en raison du mérite qu'il accorde à la tragédienne.

Mais il y a certaines pièces où il prend une revanche éclatante.

Ainsi, dans *Polyeucte*, il est toujours beaucoup plus applaudi que mademoiselle Félix; et, dans toutes les œuvres nouvelles, il est rare qu'il ne l'éclipse pas complètement, parce qu'il ne s'agit plus ni de traditions, ni de routine, et qu'il a sur elle un avantage énorme, l'intelligence.

La *Czarine* de M. Scribe est là pour le dire.

Beauvallet y fut magnifique; tandis que Rachel avait l'air d'une poupée de Nuremberg, montée sur un bâton.

FIN

Paris. — Imp. Dubuisson et C°, rue Coq-Héron, 5.

Mon cher Verteuil,

Je ne sais si vous vous souviendrez de moi ? Depuis 26 ans je suis sociétaire du Théâtre Français. J'y viens si rarement que peut-être vous m'avez oublié, et je joue si peu que ce n'en vaut la peine d'en parler. M. Houssaye, notre précédent Directeur avait la tragédie en horreur : j'ai le malheur d'être tragédien, c'est-à-dire un animal aux chassé, un produit anti-Diluvien, quelque chose d'inouï digne de figurer dans un cabinet d'histoire naturelle.

En attendant ce moment, permettez-moi de vous demander, en me prévalant de ma qualité de sociétaire, un billet pour ce soir... Si M. L'administrateur Général y consent (Je lui donne tous ses titres) on lira ne plus n'aura peur de la tragédie, ni surtout certain tragédien....

Blague à part, donnez-moi deux bonnes places

à vous

Beauvallet

Imp. Lith. de V. Janson, rue Dauphine, 18.

6 FRANCS AU LIEU DE 40 FRANCS

30ᵉ ANNÉE

PRIX DU NUMÉRO : 10 CENTIMES DANS TOUS LES DÉPOTS.

LE VOLEUR

ILLUSTRÉ

CABINET DE LECTURE UNIVERSEL

Publiant, toutes les semaines, 16 pages de texte grand in-4°, contenant, EN CARACTÈRES PARFAITEMENT LISIBLES, 150,000 lettres, et illustrées de 4 ou 5 bois et d'un rébus

VIENT D'ABAISSER SON PRIX DE **40 FR.** A **6 FR.** PAR AN.

PARTIE LITTÉRAIRE

LE VOLEUR ne fait concurrence à aucune publication illustrée. Ce n'est point un recueil de nouvelles, c'est un véritable journal, *moins la politique*, réunissant à l'intérêt d'une revue l'à-propos d'une feuille quotidienne. Romans, Nouvelles, Voyages, Mémoires, Études historiques, Portraits biographiques, Esquisses de mœurs,

Courrier de Paris, Gazette pour rire, Comptes rendus de théâtres et de livres nouveaux, Revues musicale, judiciaire et artistique, Mélanges, Faits divers, tel est le cadre immense dont il dispose et qui répond à tous les goûts, à toutes les préférences, sans jamais choquer les justes susceptibilités de la morale et de la religion.

Grâce à ses traités et à ses relations, LE VOLEUR est toujours en mesure d'offrir à ses lecteurs les noms les plus brillants de la littérature et la fleur des œuvres de l'esprit, à quelque langue qu'elles appartiennent, ainsi que les extraits les plus intéressants des ouvrages inédits ou nouveaux; en un mot, rien de remarquable ne paraît, soit dans la presse, soit dans la librairie, qui n'ait immédiatement son écho dans les colonnes de ce recueil.

Miroir intelligent et fidèle de la presse française et étrangère, il possède, à côté de l'élément dramatique et intéressant, qui ne parle qu'à l'imagination, l'élément actuel, qui s'intéresse à l'esprit en même temps qu'à la curiosité. Réservant toujours à l'à-propos une portion de son texte et de ses gravures, il réunit, au plus bas prix possible, l'agrément du journal à l'attraction du roman.

PARTIE ILLUSTRÉE.

Les illustrations sont confiées aux plus habiles artistes ; les noms de Doré, Edouard de Beaumont, Nadar, Télory, etc., sont, à cet égard, la meilleure des garanties.

Chaque livraison contient quatre ou cinq grands bois de la largeur de trois colonnes et couvrant l'étendue de la moitié d'une page, et, en outre, un rébus illustré.

Aux vignettes qui lui appartiennent, et qui se composent de scènes de romans, de vues, de portraits, de cérémonies contemporaines, de gravures de modes, de caricatures et d'actualités de tout genre, LE VOLEUR joint encore les plus belles illustrations empruntées soit aux journaux, soit aux publications en vogue.

EN SOMME, DIMINUTION DE PLUS DE 80 POUR 100, ET INTRODUCTION DE L'ILLUSTRATION DANS LE TEXTE, TEL EST LE RÉSUMÉ DE LA RÉVOLUTION QUE VIENT D'ACCOMPLIR LE JOURNAL LE VOLEUR, ET QUI NE PEUT MANQUER D'ÉLEVER CE RECUEIL AU PREMIER RANG DE LA PRESSE LITTÉRAIRE A BON MARCHÉ.

ON S'ABONNE :

A Paris, rue Neuve-des-Petits-Champs, 35 ; en province, chez les libraires et en envoyant un mandat de poste sur une maison de Paris, à l'ordre du directeur du VOLEUR.

Prix de l'abonnement : Paris, un an, 6 fr. ; six mois, 3 fr. 50 c. ; un numéro, 10 centimes, pris au bureau ou chez les libraires.

Province : un an, 8 fr. ; six mois, 4 fr. 50 c. ; un numéro, 15 centimes, en timbres-postes. Les abonnements ne partent que du 1ᵉʳ de chaque mois. — Toute lettre non affranchie est rigoureusement refusée.

LA SÉRIE ILLUSTRÉE A COMMENCÉ AVEC LE MOIS DE NOVEMBRE 1856.

Paris. — Imp. Dubuisson et Cᵉ, rue Coq-Héron, 5.

www.ingramcontent.com/pod-product-compliance
Lightning Source LLC
LaVergne TN
LVHW052108090426
835512LV00035B/1329